DES

# THÉATRES

DE

## BORDEAUX

PAR

## MARTIAL LÉGLISE, DIT BAZAS

DIRECTEUR DE L'ALCAZAR, A LA BASTIDE

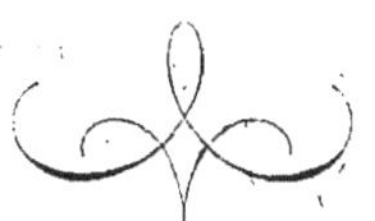

BORDEAUX

IMPRIMERIE COMMERCIALE A. BORD, RUE DES TREILLES. 24.

1864

DES

# THÉATRES

DE

## BORDEAUX

PAR

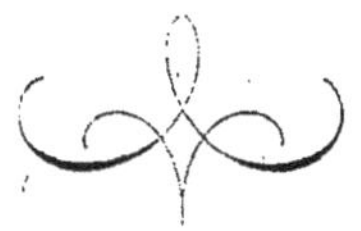

## MARTIAL LÉGLISE, DIT BAZAS

DIRECTEUR DE L'ALCAZAR, À LA BASTIDE

BORDEAUX

IMPRIMERIE COMMERCIALE A. BORD, RUE DES TREILLES, 24.

1864

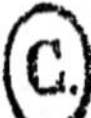

Je ne suis pas un lettré, c'est chose connue; aussi je dicte mes idées et les faits que j'ai recueillis, et je vous les soumets. Les administrations théâtrales de Bordeaux se sont beaucoup occupées de moi; par contre, je me suis beaucoup occupé d'elles, je ne suis pas musicien, je ne suis pas directeur, je ne suis pas metteur en scène, c'est vrai; mais je crois avoir en moi le sentiment juste des affaires théâtrales, et surtout de ce qui convient au public bordelais. Si je me trompe, j'avouerai humblement mes torts et je chercherai d'autres solutions.

Il m'importe, en outre, en présence de la nouvelle loi sur la liberté des théâtres, de démontrer que si l'autorité daignait me laisser la faculté de continuer le genre de spectacle que j'avais adopté pour l'établissement de l'Alcazar, il n'y aurait pas pour les théâtres de Bordeaux une rivalité à craindre, mais bien un stimulant désirable dans l'intérêt des plaisirs du public.

Il serait inutile de rappeler que les directions passées ne doivent pas leur insuccès à l'établissement que j'ai créé depuis quelque temps à peine, et qu'on ne doit en rechercher les causes que dans les obstacles qu'elles ont rencontré, et qu'elles n'ont pas toujours pu surmonter.

Que fait un Bordelais lorsqu'en quittant sa ville natale, il va dans les villes de Toulouse, Marseille, Lyon, Rouen, Bruxelles, etc..? Il visite, et c'est ce que j'ai fait, les grands théâtres de chacune de ces villes, et de suite il établit une comparaison avec notre théâtre Louis. Au premier aspect, nous sommes tout joyeux et tout fier et nous nous écrions : « *Le nôtre est bien plus beau,* » nous entrons dans la salle et nous sommes surpris de la quantité de monde que nous avons devant les yeux ; nous sommes forcés de dire notre salle ne pourrait contenir autant de personnes, c'est alors où le spéculateur théâtral, le négociant des théâtres fait ses calculs, il s'informe du nombre de personnes que contient la salle, à quel chiffre peut s'élever la recette, combien de temps la troupe joue dans l'année, de la longueur de la concession du bail, du mode des débuts ; il juge du mérite de la troupe, et par elle se rend compte du goût du public ; il s'informe du résultat financier, et c'est là malheureusement où notre belle salle laisse à désirer.

Le célèbre architecte Louis disait lorsqu'il faisait la description de son œuvre : « *La salle ayant cinq rangs de* » *loges en y comprenant les loges grillées autour du* » *parterre, son amphithéâtre, le parquet, etc., con-* » *tiendra environ 2,200 à 2,300 personnes.* » Quel malheur que ce plan n'ait pas été réalisé, Bordeaux aurait toujours vu son théâtre prospère, et la longue liste des directeurs qui, depuis 1780, ont fait de mauvaises affaires, eût été de beaucoup amoindrie.

Je parlais, il y a quelques mois, avec un ancien contrôleur du Grand-Théâtre, et qui a vu le théâtre Louis tel que l'architecte l'avait livré au public ; eh bien, il m'a affirmé que la salle n'avait jamais contenu plus de 1,750 personnes ; aujourd'hui, par les nombreuses *améliorations* que l'on y a introduites, elle ne contient plus que 1,150 personnes, et la recette peut s'élever, non compris l'abonnement de 2,500, à 2,600 fr.

Le théâtre du Capitole, à Toulouse, contient près de 1,800 personnes, et sa recette peut s'élever de 3,000 à 3,100.

La recette du Grand-Théâtre de Marseille s'élève de 4,200 à 4,400, celle du théâtre de Lyon est dans la même proportion, celle du théâtre des Arts, à Rouen, de 3,500 à 3,600, et enfin celle du théâtre de la Monnaie, à Bruxelles, de 4,200 à 4,400. Quelles ressources ces villes doivent-elles donner à un directeur qui aura su composer une troupe dans le goût de son public? Que faut-il donc faire pour éviter cette infériorité numérique? Agrandir la salle. Est-ce possible? oui. Déjà cette année, un honorable membre du Conseil municipal disait que le seul remède qu'il y eût pour améliorer la situation des directeurs et dégrever les finances de la ville de cette énorme subvention, c'était l'agrandissement de la salle; nous savons cependant qu'il a longtemps étudié la question avec le concours d'un homme compétent, et que, sans rien changer à l'harmonie de la salle, il avait reconnu la possibilité de l'augmenter de plus de 300 places, et, par ce moyen, abaisser les prix des secondes et du paradis, et élever le chiffre de la recette de 3,300 à 3,400. C'est là le remède à l'état de choses actuel, c'est là le but que l'on doit atteindre; la dépense a été, si je suis bien renseigné, évaluée de 80 à 100,000 fr.

Si nous considérons l'état financier et malheureux des théâtres de Bordeaux depuis 1848, disons-le tout de suite, deux choses y ont contribué : 1° *l'exiguïté de la salle;* 2° *l'obligation imposée au directeur d'avoir en juin et juillet quatre troupes complètes, opéra, opéra-comique, ballet et drame.* Depuis 1848 à 1854, les artistes sont établis en société ; ils jouent au prorata des recettes. De 1854 à 1857, le même piteux état se continue. De 1857 à 1860, le directeur, les artistes, la ville font des sacrifices de toute nature pour arriver au but. De 1861 à 1864, les théâtres brillent d'un vif éclat, les recettes atteignent un niveau inconnu jusqu'alors, et tout cela finit par une catastrophe. Les artistes ont des prétentions trop élevées, nous le savons; mais nous savons aussi que si on n'eût pas exigé que ces divers directeurs jouassent l'été, que si la salle eût été plus grande, les résultats eussent été plus avantageux.

Quel changement favorable pourrait donc amener une modification dans le genre de spectacle que j'offre au public habitué à fréquenter l'Alcazar, et quels rapports peut-il exister entre les deux entreprises, si disproportionnées qu'une comparaison devient impossible?

Je me répète encore une fois, parce qu'il y a des choses qu'on ne saurait trop dire, le Grand-Théâtre de Bordeaux est construit depuis quatre-vingts ans; la population alors était de 100,000 âmes, il contenait 1,750 personnes; aujourd'hui la population dépasse 160,000 âmes, le théâtre est réduit à 1,150 places : il faut l'agrandir dans l'intérêt de tous.

Une des causes qui est le plus nuisible aux théâtres de Bordeaux, c'est celle de jouer aux deux théâtres pendant les mois de juillet et août. Tant que le cahier des charges ne laissera pas au directeur la faculté de faire pendant ces deux mois des représentations à sa fantaisie, on peut être assuré à l'avance que l'année sera mauvaise, ou bien il faudra élever la subvention à 250,000 fr.

Les charges des directeurs des théâtres de Bordeaux sont trop lourdes pour qu'il puisse espérer mener à bonne fin son entreprise; le ballet, par exemple, qui coûte près de 10,000 fr. par mois, n'est-il pas trop cher pour l'argent qu'il rapporte? aujourd'hui ce n'est plus qu'un accessoire. Autrefois, il est vrai, le ballet était en grand honneur à Bordeaux; il faisait à lui seul spectacle, on y jouait de grands ballets d'action, et le personnel était bien moins nombreux qu'aujourd'hui; le public applaudissait et voyait avec plaisir tout ou presque tout un acte mimé.

Les temps sont bien changés, on ne bat plus des mains qu'aux ronds des jambes; vous n'êtes plus électrisé que par des pirouettes d'élévation, d'où je conclus que tout ce personnel pourrait être diminué; un beau divertissement vaudrait bien mieux que toutes ces pantomimes, ou bien ayez comme à Paris cent cinquante danseuses sur la scène; jeunes, jolies ou laides, tout disparaît dans ces groupes et ne forme plus qu'un tout harmonieux; déjà cette année, le nouveau cahier des charges est entré dans cette voie, et *douze figurants du corps de ballet ont été supprimés.* Encore une modification à apporter. Que le personnel soit diminué de dix ou douze figurants, que vous remplaceriez par de jeunes filles en costume travesties, comme l'on fait à Bruxelles, et votre divertissement n'en sera que plus gracieux et plus joli.

Autrefois, les artistes chantaient au moins tous les deux jours, soit quinze fois par mois, maintenant ils ne s'engagent plus qu'au cachet. Huit ou dix représentations par mois, et s'ils chantent plus du nombre ci-dessus, il faut bien payer un cachet supplémentaire et proportionnel. Je veux citer un exemple qui m'a été raconté dernièrement : M. Méric, notre aimé baryton, était à Bordeaux il y a sept ou huit ans, il gagnait de 7 à 800 fr. par mois et jouait presque tous les jours, il parut même sur la scène vingt-sept fois dans un mois et cela sans fatigue aucune, les dernières années que M. Méric vient de passer à Bordeaux, il était engagé au cachet devant jouer douze fois par mois pour la somme de 1,400 fr.; chaque mois, et cela arrivait presque toujours, il chantait de seize à dix-huit fois par mois, aussi ses appointements s'élevaient-ils de 1,800 à 2,000 fr. par mois, c'est-à-dire gagnant deux fois ce qu'il gagnait il y a sept ou huit ans, et les ténors qui ne gagnaient que 12 à 1,400 fr. par mois, veulent gagner des 4, 5 et 6,000 fr. par mois.

Si l'on veut des spectacles, c'est dans la diminution de prix si exorbitants, ce sont les plaintes, les désastres des théâtres qui ont amené le gouvernement à accorder la liberté théâtrale, le plaisir de tous doit passer avant celui de quelques-uns, c'est par la libre concurrence que messieurs les chanteurs seront obligés de baisser leurs prétentions, les *subventions théâtrales* s'en iront, il faudra vivre et ils lâcheront la main, voilà le résultat auquel il faut s'attendre.

Si nous comparons le prix des artistes de tous genres, tels qu'ils étaient payés il y a environ trente ans, avec le prix d'aujourd'hui, nous trouvons qu'ils ont plus que doublé. Si nous comparons le prix des places au théâtre depuis trente ans avec ceux d'aujourd'hui, nous verrons qu'ils sont les mêmes, le public se fâcherait sans doute si on lui augmentait les places, et pourtant ce serait justice.

Voici la liste des directeurs qui, depuis l'ouverture du Grand-Théâtre, en 1780, ont fait de mauvaises affaires (1); elle est bien longue, le lecteur va en juger :

| | |
|---|---|
| Belmont, 1780, | Mauvaises affaires |
| Hus, Gaillard et Dorfeuil, de 1781 à 1783, | — |
| Albert de la Jaubertie, de 1784 à 1788, | — |
| Galliot, Duprat et Fierville, 1788, | |
| Robineau de Beaudoir et Colineau, 1789, | — |
| Régie provisoire par les comédiens, 1789, | — |
| Blanchard et Legros, 1789, | — |
| Latapy et Maignol, an IV, | — |
| Gallet, an VIII, | — |
| Compagnie Tanays, an IX, | — |

---

(1) Cette note est empruntée à l'histoire des théâtres de Bordeaux, par M. Detcheverry. Bordeaux, imprimerie Delmas, 1860.

| | |
|---|---|
| Robineau de Beauvoir, 1802, | Mauvaises affaires. |
| Prat, de 1804 à 1808, | — |
| Fargeot, de 1820 à 1821. | — |
| Beaujolais, de 1821 à 1822, | — |
| Fourès, de 1822 à 1823, | — |
| Andrieu, 1824, | — |
| Baignol, de 1827 à 1829, | — |
| Gausseran et Tournier, 1831, | — |
| Robillon, de 1834 à 1836, | — |
| Solomé, de 1836 à 1839, | — |
| Léon, de 1840 à 1843, | — |
| Dévéria, 1844, | — |
| Toussaint, 1844, | — |
| Cholet, 1848, | — |
| Etc., etc. | |

Eh bien, nous le disons ici, avec la plus ferme conviction, deux causes ont contribué à tous ces désastres, et contribueront aux désastres futurs :

1° LA SALLE TROP PETITE ;

2° L'OBLIGATION IMPOSÉE D'AVOIR UNE TROUPE COMPLÈTE, EN JUIN, JUILLET ET AOUT.

Et l'existence ou non de l'Alcazar ne pourra, en quoi que ce soit, les faire disparaître ou les amoindrir.

J'entends souvent dire, à propos des théâtres : mais où passe donc tout cet argent; moi aussi j'ai voulu me renseigner, la réponse est bien simple, il suffit de lire le cahier des charges, et on sera bien vite convaincu que tout n'est pas bénéfices, je vais citer un exemple :

| | |
|---|---|
| Un machiniste (non compris les ouvriers), par an. . . . . . . . . . . . . . . . . . . . . . . . . . | 3,600 fr. |
| Un peintre . . . . . . . . . . . . . . . . . . . . . | 3,000 |
| Un caissier . . . . . . . . . . . . . . . . . . . . . | 6,000 |
| À reporter . . . . . . . . . . . . . . . . . . . . . | 12,600 fr. |

*Report*.. . . . . . . . . . . . . . . . 12,600 fr.
Un costumier (non compris les habilleurs). . 1,800
Un garde-accessoires .., . . . . . . . . 960
Un bibliothécaire. . . . . . . . . . . . 400
Un concierge. . . . . . . . . . . . . . 1,200
Un garde-pompe.. . . . . ., . . . . . . 600
Entretien des lieux. . . . . . . . . . . 600
Les contrôleurs.. . . . . . . . . . . . . 12,000
Total. . . . . . . . . . . 30,160 fr.

Il se dépense par soirée, au Grand-Théâtre, plus de
100 fr. de gaz, et au petit théâtre plus de 50 fr. Environ 50,000 fr.

Le droit des indigents, pris sur la recette chaque soir,
s'élève à plus de 72,000 fr.

Le droit des auteurs s'élève environ à 45,000 fr.

J'assistai un jour à une belle représentation de la *Juive*,
la salle regorgeait, je voulus savoir ce qu'il y avait de
recettes et combien on donnait aux principaux artistes, on
me donna les renseignements suivants; ils sont exacts :

La recette était de.. . . . . . . . . . . . . . 2,000 fr.
Le droit des pauvres s'éleva à. . . . . . 182
Le droit des auteurs . . . . . . . . . . 120
Affiches.. . . . . . . . . . . . . . . 20
Gaz. . . . . . . . . . . . . . . . . 100
Garde, chevaux, en moyenne . . . . . . 20
442      442
Total. . . . . . . . . 1,558 fr.

Veut-on savoir maintenant à combien s'élève le cachet
des artistes jouant dans cet opéra :

Un premier ténor. . . . . . . . . . . . . . 350 fr.
Un second ténor.. . . . . . . . . . . . . . 250
*A reporter*. . . . . . . . . . . 600

| | |
|---|---:|
| *Report* . . . . . . . . . . . . . | 600 fr. |
| Une basse. . . . . . . . . . . . . . . | 130 |
| Une forte chanteuse. . . . . . . . . . . . | 300 |
| Une chanteuse légère.. . . . . . . . . . | 250 |
| Total. . . . . . . . . . . | 1,280 fr. |

Reste donc, de cette belle soirée, 278 fr. pour payer les artistes qui ne sont pas au cachet, les choristes, les musiciens, les employés, les danseurs, les danseuses, etc., etc.

Je reviens encore à mes moutons, et je dis, de toute nécessité, il faut agrandir la salle et supprimer une partie de la troupe dans les mauvais mois.

Le cahier des charges, qui ne se fait faute d'en mettre sur le dos du directeur, contient un tableau de troupe qu'il faut exécuter à la lettre tous les ans ; suivant moi, c'est une faute, il vaudrait mieux que le directeur présentât tous les ans au maire un tableau du répertoire qu'il doit jouer dans l'année avec le nom des acteurs qui doivent le représenter, et si, par exemple, la troupe n'avait pas besoin pour jouer les pièces de tels ou tels acteurs, ce serait une économie qui pourrait se reporter sur les autres emplois, et un directeur ne serait pas tenu de payer un emploi pour ne rien faire.

La ville impose aussi au directeur un receveur-caissier, c'est-à-dire un homme duquel peut dépendre la situation du directeur. Cet emploi est indépendant et ne relève que du maire, et si, malheureusement, cet homme, quel qu'il soit, ne comprenant pas ou n'attachant pas assez d'importance au but de sa mission, peut, en divulguant l'état de sa caisse à tel ou tel ami, porter un coup terrible au crédit du directeur, j'en appelle ici à tous les négociants qui ont pu passer par des phases difficiles, croient-ils que si leur position gênée ou embarrassée eût été connue ou divulguée par un de leurs employés, ils eussent pu la surmonter ? Le choix de cet employé doit donc se faire avec la plus grande réserve et tout au moins avec l'assentiment du directeur. Lorsque M. Halanzier se présenta pour obtenir la direction, il ne voulait pas de receveur-caissier, ou tout au moins voulait-il en nommer un et le faire agréer par le maire.

Je crois qu'un directeur devrait avoir non pas un correspondant fixe, qui à chacune de ses demandes lui enverrait tel ou tel artiste qu'il aurait sous la main, mais je suis d'avis qu'il ne devrait s'en rapporter qu'à un homme capable, expérimenté des choses de théâtres, connaissant le goût du public bordelais, enfin parcourant sans cesse les grandes villes, afin d'étudier le mérite des artistes qu'il devrait engager, non dans une pièce, mais dans plusieurs créations; or, la dépense qui en résulterait serait un bénéfice pour tous

Un directeur ne devrait pas louer de gré à gré les loges à l'année, il devrait les mettre à l'adjudication; cela donnerait chaque année une nouvelle impulsion, un nouvel intérêt au théâtre.

Il importerait à un directeur d'un ou des théâtres de Bordeaux, qu'il lui fût alloué une subvention de 144,000 fr., et qu'on lui accordât la permission d'agrandir la salle à ses frais.

Mais qui sait si un jour, à l'exemple de tant d'autres villes, la subvention théâtrale ne sera pas supprimée. La liberté théâtrale sera alors franche et décisive. Pourra-t-on avoir à Bordeaux un grand opéra, de l'opéra-comique et un ballet sans subvention? Je crois pouvoir répondre par l'affirmative; mais que faudrait-il pour cela? Laisser le directeur libre et maître de faire ce qu'il voudra, pas d'entraves, pas de tableaux de troupe impossible, voilà ce qu'il faut ; il y a, en matière théâtrale, des moyens pour remuer les masses et savoir attirer la foule, mais il faut pouvoir les employer.

Un directeur, même avec une subvention, doit demander l'abolition complète des débuts, se réservant de résilier avec l'artiste qui ne conviendrait pas au public, et que l'abonnement soit tellement libre, que celui qui aurait payé pût retirer son argent quand il le voudrait, si la troupe ne lui convenait pas. Il est bien entendu que le mois commencé compterait comme s'il était fait en entier.

Les débuts ont souvent offert à un directeur des ressources inattendues qui ont momentanément fait les affaires de sa caisse, on a vu même des directeurs et le public s'amuser à ce jeu-là, faire des débuts toute l'année et regretter le lendemain l'acteur qu'ils avaient renvoyé la veille ; mais ont-ils eu raison de se servir de ces moyens ? n'était-ce pas plutôt leur intérêt et celui du public que la troupe fût vite formée et qu'elle se mît à l'étude au plus vite, est-ce que les camaraderies n'ont pas très-souvent fait recevoir des artistes très-ordinaires, et fait tomber un acteur qui ne convient pas ; il joue en attendant son remplacement, et là, dégagé des craintes et des inquiétudes, il vous fait voir ce qu'il pouvait faire, et vous le regrettez. Si le public ne devait pas se tromper, j'admettrai les débuts ; si une fois l'artiste admis, quand bien même on se fût trompé, il était respecté, j'admettrai les débuts ; mais rien de tout cela n'existe, voulez-vous des pièces nouvelles ? Voulez-vous un bon travail ? pas de débuts.

Au nombre des causes que j'oubliais et qu'il faut encore citer, comme ayant produit les catastrophes dont je parlais plus haut, nous parlerons de la période de la concession ou du privilége, trois ans sont trop peu de choses ; comment voulez-vous qu'un directeur puisse arriver à comprendre une affaire et à étudier le goût de son public dans des limites aussi restreintes, s'il trouve du crédit, âme de tout négoce au commencement de son exploitation, il le voit se retirer, au fur et à mesure que le terme de la concession approche; la première année d'une direction se passe à lutter contre les souvenirs, ou les amis ou les personnes qui avaient des emplois sous la direction précédente; la seconde année se passe plus paisiblement, et la troisième se passe à lutter contre les amis de tous les aspirants à la nouvelle concession, donnez à un directeur six, huit, dix ans de concession, et vous lui donnerez crédit, force et repos; donnez à un directeur une concession courte, vous ne verrez qu'un industriel qui, sans se préoccuper des plaisirs du public, ne songera qu'à ses propres intérêts, et se trouvera renversé par la force des choses; du reste, qu'on lise l'histoire des directeurs des théâtres de Bordeaux, et on verra que si quelques-uns ont mené à bon port leur entreprise, c'est qu'ils avaient une longue concession de bail.

Je m'arrête, j'aurais bien des choses encore à dire, mais je crains d'ennuyer mes lecteurs; ce que j'ai voulu démontrer, c'est qu'il y a trois causes principales qui s'opposent à un bon résultat financier des théâtres de Bordeaux :

1° LES SALLES TROP PETITES;

2° L'OBLIGATION D'AVOIR UNE TROUPE COMPLÈTE PENDANT LES MOIS DE JUIN, JUILLET ET AOUT;

3° LE PEU DE DURÉE DE LA CONCESSION.

Du reste, si je me suis étendu si longuement sur toutes ces questions, c'est que j'ai pu juger de ce que l'on fait au théâtre, par ce que j'ai pu faire à l'Alcazar; si ma salle n'eût pas contenu près de 2,000 personnes, il y a longtemps que mes frais m'auraient absorbé, et qu'au lieu de faire dés sacrifices sans cesse renaissants pour plaire au public, j'aurais dû aller chaque année en amoindrissant mes depenses, tandis qu'aujourd'hui j'en suis à regretter que mon établissement ne contienne pas 3,000 personnes, voilà ce que j'aurai à dire, et voilà ce qu'il faut faire pour les théâtres de Bordeaux.

Qu'il me soit donc permis de dire, en terminant, que l'Alcazar, créé en l'année 1861, et ouvert le 30 mai de la même année, alors que fonctionnait la direction des théâtres sous M. Biche-Latour, n'empêcha pas les recettes d'arriver à un chiffre bien plus élevé qu'elles n'avaient atteint sous la direction précédente Carpier, que ce n'est donc pas l'Alcazar qui a porté préjudice aux recettes des théâtres de Bordeaux ;

Que l'Alcazar n'a réellement nui qu'aux bals, auberges et cafés d'une réputation honorable, il est vrai, parfois, mais parmi lesquels il s'en trouve d'une moralité douteuse, et que le public habitué de l'Alcazar n'a pu que s'inspirer du goût du théâtre par les fragments de chefs-d'œuvre puisés à cette source, et que, dans sa modeste sphère, la scène de l'Alcazar cherche à reproduire chaque soir.

Une preuve encore, c'est que, pendant la fermeture de l'Alcazar, en juin, juillet et août 1862, les établissements de bals se réjouissaient de cette fermeture.

Je puis donc affirmer que mon établissement doit exister pour plusieurs causes, d'abord comme spectacle populaire, aidant à moraliser les masses, propageant le goût du chant et de la musique, qu'il contribuerait plutôt à faire des prosélytes aux théâtres que de leur en ôter, qu'enfin supprimer ce genre de spectacle et en priver la classe laborieuse et ouvrière, serait peut-être la ramener aux goûts du passé, en lui faisant adopter pour ses délassements les lieux qu'elle avait désertés depuis la création de l'Alcazar.

Je m'adresse donc à la bienveillante justice du Conseil municipal de la ville de Bordeaux, afin qu'elle m'accorde son puissant appui auprès de l'administration compétente, pour obtenir qu'il ne soit rien changé à la situation que les circonstances ont créées à mon établissement, et pour qu'il soit conservé dans les conditions dans lesquelles il se trouve aujourd'hui.

Conditions qui m'ont procuré les sympathies générales de la population ouvrière, à laquelle j'ai offert des distractions proportionnées à ses ressources, et qui m'a valu bien des témoignages d'estime qui m'honorent.

Je n'ajouterai qu'une considération qui plaide en faveur de ma demande, et que je n'eusse point invoqué si les circonstances ne m'y eussent obligé, c'est de rappeler respectueusement au Conseil municipal que je dois à l'établissement que j'ai créé la douce satisfaction d'avoir souvent pu soulager le malheur, en venant au secours de nombreuses infortunes, heureux d'aller leur apporter le soulagement qu'elles méritaient, *et que ma position seule* me permettait de leur offrir.

Supprimer l'Alcazar par la nouvelle loi, c'est m'imposer l'obligation de le transformer en théâtres et d'offrir ainsi l'inconvénient d'une concurrence préjudiciable, sinon ruineuse pour tous, enfin une augmentation dans le prix des places disproportionnée aux ressources de la classe ouvrière.

Convaincu que les simples considérations que je viens d'exposer ne sauraient mettre obstacle aux sympathies que j'invoque.

Daignez agréer, Messieurs et lecteurs, l'assurance de mon profond respect.

**Martial LÉGLISE, dit BAZAS,**
Directeur de l'Alcazar de la Bastide.